MITOLOGIA CELTICA

RACCONTI DAL PANTHEON CELTICO

ADAM ANDINO

CONTENTS

INTRODUZIONE: BREVE STORIA DELLA MITOLOGIA CELTICA

Enya, la cantante irlandese solista più venduta di tutti i tempi, ha detto una volta a proposito dell'antica mitologia del pantheon celtico: "La mitologia celtica ha qualcosa di profondo nell'anima". Sebbene sia nota soprattutto per le sue moderne canzoni folk celtiche, parte dell'ispirazione per scrivere tali composizioni è radicata nella mitologia celtica. Mentre molte divinità sono paragonabili ad altre, come le mitologie romana e norrena, molti dei miti celtici sono molto diversi dagli altri. Il pantheon e le creature stesse sono talvolta l'esatto contrario di ciò che ci si aspetterebbe.

Il pantheon dei Celti è poco conosciuto a causa delle tradizioni orali, della guerra con Roma e del passato migratorio della cultura. Come il pantheon norreno, molte storie e leggende sono state cancellate dalla storia. I Celti spesso non erano alfabetizzati, quindi le loro storie venivano tramandate oralmente di generazione in generazione.

I Celti

Come accennato in precedenza, la mancanza di informazioni deriva da tre aspetti principali del cambiamento: la guerra con Roma, le tradizioni orali e la necessità di migrare. I popoli celtici, in breve, provengono dalle regioni che oggi sono il Galles, la Scozia, l'Irlanda, la Francia e la Spagna e si sono espansi fino alla Turchia. I popoli di ogni regione avevano una cultura e una lingua uniche, ma le loro religioni e divinità politeiste spesso si sovrapponevano. Esistono ancora dialetti celtici, soprattutto in Galles e in Irlanda; alcuni scozzesi e irlandesi parlano ancora versioni del gaelico e alcuni abitanti del Galles parlano il gallese.

I Celti iniziarono la loro civiltà già nel 1200 a.C., durante l'Età del Ferro, quando l'uomo scoprì come costruire strumenti in metallo. Erano artigiani del bronzo, dell'oro e del mercurio con intricati disegni a spirale sui loro gioielli e sulle loro armi. Si sono diffusi dall'Europa alla Turchia, spingendosi addirittura a sud fino all'Egitto. Si ipotizza che alcuni Celti fossero addirittura mercenari della regina egiziana Cleopatra.

Rimasero in tribù fino a quando Giulio Cesare dell'Impero Romano mosse guerra alla loro cultura, intorno al 70 a.C.. Durante questa dura guerra, fu anche il primo a documentare la cultura celtica. Li considerò "Galli", che significa anche "barbari". I Galli erano il popolo situato in quella che oggi è conosciuta come Francia.

La perdita di una cultura

Anche se Giulio Cesare tentò di liberare l'Impero romano dai Galli, la loro cultura rimase salda. I Romani e persino i Greci ammiravano i Celti in battaglia, il che spinse molti scrittori dell'epoca e non solo a studiarli e documentarli. Di conseguenza, alcuni documenti sulle culture e sui popoli celtici furono scritti durante questa guerra. Tuttavia, questa ammirazione dei Celti non sarebbe durata. Se l'Impero romano è uno dei fattori che hanno contribuito alla quasi estinzione dei Celti, ci sono anche altri fattori.

I Druidi

I druidi erano una fazione religiosa del popolo celtico ed erano considerati i più saggi. Credevano nella reincarnazione e veneravano molte divinità della loro religione politeistica. Come altri pantheon dell'antichità, i Celti veneravano divinità basate sulla natura, come il sole e la luna, i fiumi e i laghi e l'agricoltura. I druidi, che fungevano da guaritori e figure religiose, credevano di essere in grado di prevedere il futuro attraverso le formazioni di uccelli, l'interpretazione dei sogni e la meditazione. Uomini e donne erano accolti in egual misura nelle loro istituzioni ed erano coinvolti anche nell'istruzione e nel sistema giudiziario.

I druidi ritenevano che le loro tradizioni non avessero bisogno di essere scritte, ma che dovessero essere tramandate per via orale. Spesso proibivano i testi scritti per preservare le loro tradizioni orali. Di conseguenza, nella loro civiltà mancava la documentazione delle cerimonie e delle procedure religiose e culturali. I pochi resti della loro cultura sono stati conservati nelle grotte delle Alpi, scritti nella loro lingua, nei resoconti di Cesare e nei resoconti medievali dei sacerdoti cristiani.

L'introduzione del cristianesimo

Anche l'introduzione del cristianesimo è stata responsabile della caduta dei popoli celtici e del loro pantheon. Dopo che il cristianesimo divenne la religione dominante a Roma e nel suo impero, le forze che stavano dietro alle crociate considerarono il politeismo empio e conquistarono i numerosi popoli celtici. Nel 432 d. C., il cristianesimo fu imposto ai popoli celtici in Gran Bretagna dall'introduzione di San Patrizio. Molte delle divinità precedenti furono assimilate alla fede cristiana come santi e le loro pratiche furono assimilate al cristianesimo.

Tuttavia, questa nuova religione incontrò una certa resistenza. In risposta, i cattolici ordinarono di sradicare i druidi con uccisioni di massa. Questo periodo tumultuoso portò all'annientamento della religione politeista. Tracce di questa cultura rimangono ancora oggi con la reintroduzione della lingua celtica antica, come il gaelico e il gallese, e anche attraverso i simboli religiosi. La croce celtica e il trifoglio d'Irlanda rappresentano questo passato turbolento e le tracce della loro cultura. Alcune storie e leggende vengono raccontate in Irlanda ancora oggi.

La vita quotidiana dei Celti

I popoli celtici erano simili ai popoli nordici nel modo in cui conducevano la loro vita quotidiana. Pur non essendo un popolo di mare, migravano in diverse parti del Nord Europa. Vivevano in tribù all'interno di un villaggio circondato da mura di pietra e usavano la stessa pietra per costruire le loro case. I tetti erano formati da coni costruiti con canne e paglia. L'artigianato comprendeva anche la lavorazione dei metalli, come gioielli e armi.

Rinomati per la loro abilità nel combattimento e nell'equitazione, i Celti erano guerrieri coraggiosi e feroci. È stato documentato che i guerrieri andavano in battaglia anche nudi, forse per intimidire i nemici. Alcuni testi sopravvissuti affermano che conservavano anche le teste dei loro nemici come trofei. Tuttavia, i loro combattimenti erano spesso una guerra non organizzata, che fu poi resa obsoleta dalla presenza degli eserciti romani.

Non tutti gli uomini celtici erano guerrieri. Altre professioni includevano l'artigianato, il fabbro, l'agricoltura, il druidismo e persino la poesia. I bardi avevano il compito di memorizzare e recitare le storie e le leggende generazionali del loro popolo. Ogni professione non era più importante delle altre e gli uomini avevano il diritto di scegliere.

Le donne, inoltre, non si limitavano ad assumere il ruolo di domestiche. Le donne potevano ricoprire le stesse posizioni degli uomini, che si trattasse di guerrieri, figure religiose o persino leader politici. Avevano gli stessi diritti degli uomini, tra cui il divorzio e il possesso di beni a loro nome.

I costumi religiosi dei Celti

I Celti avevano alcune usanze religiose nella loro cultura. Oltre a venerare le divinità, consideravano sacre anche le parti della natura. Le querce e le foreste sono un esempio della loro venerazione per il mondo naturale. Veneravano la natura come se fosse un essere a sé stante. Nelle foreste si svolgevano rituali di importanza sia religiosa che politica.

Parte dei rituali comprendeva sacrifici animali e umani per placare determinate divinità. Ci sono prove di sacrifici umani e animali in luoghi sacri come zone umide e foreste. Bruciavano anche effigi create con paglia e con esseri umani all'interno per placare gli dei o come forma di giustizia. I Celti sacrificavano anche armi al dio del mare gettandole in paludi, fiumi e altri corpi idrici.

Sebbene ci siano testimonianze terribili di queste attività, i Celti veneravano gli dei anche attraverso le feste. A maggio si celebrava Beltane, oggi nota come vigilia di mezza estate, un giorno di danze e canti. Questa festa segnava i mesi più caldi della primavera e dell'estate, incoraggiando così l'agricoltura.

Samhain era l'ultimo giorno di ottobre e il primo di novembre, quando si celebravano i morti, indossando anche costumi e maschere. Samhain rappresentava il declino del sole e quindi la barriera tra la realtà e l'Oltremondo si assottigliava. Si credeva che in questo periodo gli antenati e gli spiriti potessero entrare in contatto con i vivi. Tuttavia, esistevano anche spiriti maligni. Per proteggersi da questi spiriti nocivi, i Celti indossavano costumi e maschere come travestimento per evitare danni. Questa pratica è una delle antenate della moderna celebrazione di Halloween.

Pur non disponendo di molti testi scritti, i Celti avevano miti e leggende che fortunatamente non sono andati perduti nel tempo. Alcune storie sono contorte e incomplete a causa della mancanza di testi scritti. Anche alcune divinità rientrano in questa categoria, con poche informazioni sulla religione, i miti e le leggende nel loro complesso. Il mistero di queste divinità e di queste storie ha portato gli archeologi e gli appassionati di mitologia a scoprire questa civiltà quasi perduta e la sua prospettiva unica sulla religione. Nel prossimo capitolo, gli dei e le dee riceveranno la loro giusta introduzione.

CAPITOLO I: II DEI E DEE PRINCIPALI

A differenza di altre mitologie, come quella greca, romana ed egizia, il pantheon celtico è incompleto. Questa mitologia è simile al pantheon norreno con i suoi miti incompleti. Tuttavia, si è assistito a una sorta di resurrezione per conoscere meglio il pantheon celtico. La musica celtica irlandese, i gruppi a cappella come gli Anuna e le Celtic Women, e persino i gruppi metal svizzeri come gli Eluveitie, eseguono canzoni sui miti celtici. Questi gruppi cantano sia testi in inglese che in celtico. Anuna e Celtic Women sono specializzati nel celtico irlandese, mentre Eluveitie è specializzato nella mitologia e nella lingua dell'antica Gallia. Alcune delle canzoni di Eluveitie fanno riferimento alle divinità stesse come titoli delle canzoni, con un uso intricato di strumenti e momenti heavy metal, raccontando contemporaneamente i ricordi della vita di allora. Grazie alla popolarità di questi gruppi, il rinnovamento celtico della conoscenza degli antenati e della storia dimenticata è al suo apice.

Sebbene vi sia un'attuale resurrezione del pantheon celtico, vi sono ancora poche rappresentazioni delle divinità stesse. Poiché ogni tribù aveva la propria lingua, e quindi i propri dei e le proprie dee, alcune delle divinità rappresentano lo stesso essere ma con un nome diverso. In totale, ci sono circa 400 divinità distinte nel pantheon celtico nel suo complesso, comprese quelle delle singole tribù. In questo capitolo, tuttavia, si parlerà solo di quelle comuni. Di seguito sono riportati i principali dei e dee in ordine alfabetico; tra parentesi sono riportati i loro nomi in altre lingue celtiche.

Aengus (Aengus Óg, Óengus): Dio dell'amore

Aengus era il dio della giovinezza, dell'amore, della poesia e dell'estate. Nacque da una relazione tra suo padre, il Dagda, e l'amante del Dagda, Boann, che era anche una delle dee del fiume. In risposta alla gravidanza della sua amante, il Dagda fece un incantesimo su suo figlio per accelerare il tempo dal concepimento alla nascita, dando vita all'eterna giovinezza di Aengus. Era spesso raffigurato con uccelli che volavano intorno a lui, a rappresentare i suoi baci e il suo amore. Aengus e la sua amante apparivano spesso come cigni che si cingevano l'un l'altro, un mito che viene ulteriormente spiegato nel Capitolo 3.

Belenos (Bel, Belus): Dio della guarigione

Conosciuta anche come "Belenus", questa divinità era il dio della guarigione, della medicina, del sole, delle feste di primavera, dell'agricoltura e del fuoco. Il dio della guarigione era sposato con Danu, dea della saggezza e della fertilità, ma non ha altre relazioni familiari note. Le sue capacità rispecchiano da vicino quelle di Apollo, dio del sole, dell'agricoltura e della guarigione. Viene spesso raffigurato con cavalli e fulmini usati per interrompere i conflitti. Mentre alcune delle altre divinità erano rappresentate solo in una singola tribù, ci sono prove che il culto di Belenos si estendeva dall'Italia alla Britannia.

Brigid (Brigit): Dea della fertilità

Brigid era figlia del Dagda e sposata con Bres, dio della fertilità e tiranno. Era anche la madre di Ruadan, un sacerdote noto per le sue profezie nel 600 d.C., che in seguito divenne uno dei Dodici Apostoli d'Irlanda. Brigid era una dea molto amata, in quanto dea della guarigione, della forgiatura, del fuoco, della poesia, della passione, della fertilità e della maternità. Secondo lo storico N.S. Gill, poiché Brigid era molto venerata, fu introdotta nella santità dopo che i cattolici conquistarono i Celti. Spesso veniva paragonata alle dee romane Minerva e Vesta.

Cernunnos: Dio della fauna selvatica

Non si sa molto del dio della fertilità, del grano, della natura, della ricchezza, degli Inferi e della fauna selvatica: Cernunnos. Se non fosse per i ritrovamenti archeologici dell'antica arte celtica, molto probabilmente Cernunnos non esisterebbe nel pantheon come lo conosciamo oggi. Conosciuto anche come il Dio cornuto, Cernunnos era spesso associato ad animali cornuti come cervi e tori. Nell'arte antica era spesso raffigurato come una figura seduta a gambe incrociate con corna massicce attaccate alla testa. Il suo rapporto con gli altri dei è sconosciuto, ma si è scoperto che il dio rinasce ogni solstizio d'inverno e muore durante il solstizio d'estate. Cernunnos era molto venerato dai druidi. Si ritiene inoltre che Cernunnos sia l'ispirazione per l'aspetto cornuto di Satana nel cristianesimo.

Il Dagda (Sucellos): Re degli Dei

Il Dagda era il re degli dei. Mentre molti dei principali in altre mitologie, come quella romana, norrena e greca, ritraevano i loro re-dio come crudeli e combattivi, il Dagda era l'opposto. Era conosciuto come "il dio buono" e governava la conoscenza, la fertilità, la reincarnazione, la morte, la rinascita, gli artigiani, l'agricoltura, la protezione, la musica e molti altri aspetti. Era essenzialmente il maestro di tutti i mestieri e il protettore delle terre. Era spesso raffigurato come un dio allegro e divertente, con un'arpa al suo fianco dotata di qualità magiche per cambiare le emozioni e le stagioni. Possedeva anche un calderone che non si svuotava mai ed era dotato di un bastone e di una mazza magica, rispettivamente per la resurrezione e per la morte.

Il Dagda era il padre di Aengus, Aed, Brigid, Cermait, Danu e Bobd Derg ed era sposato con la Morrigan. Esistono molti racconti e miti che ruotano attorno al Dagda e alla sua famiglia, che verranno approfonditi nei capitoli successivi.

Danu (Annan, Anu): Dea della saggezza e della morte

Gli antichi Celti consideravano Danu la Dea Madre, non perché fosse la moglie del Dagda, ma per ciò che rappresentava. Danu era la dea della terra, delle condizioni atmosferiche, della fertilità, della morte e della saggezza. Veniva spesso raffigurata pronta alla battaglia con un corvo sulla spalla, a simboleggiare il suo regno sulla morte e sulla saggezza. Come protettrice delle terre, era venerata in base alla sua saggezza in battaglia. Oltre al suo ruolo nella morte e nella guerra, era anche portatrice di vita e prosperità.

Danu era figlia del Dagda e moglie sia di Belenos, il dio della guarigione, sia del dio del mare, Beli. Se avesse figli è un mistero. Tuttavia, si può ipotizzare che considerasse i Celti suoi figli a causa della sua grande venerazione. Gli studiosi ritengono che la sua influenza sulla cultura celtica sia responsabile del nome del fiume Danubio che attraversa l'Europa.

Epona: Patrona dei cavalli

Epona è forse la divinità più riconoscibile per il suo nome e per la sua associazione con i cavalli in particolare. Spesso nella serie di videogiochi *Legend of Zelda*, uno dei famosi compagni di Link è il suo cavallo, Epona. Nella mitologia celtica, tuttavia, Epona è più di una compagna. Regnava sulla fertilità, sull'agricoltura, sul calvario, sui cavalli, sui muli, sugli asini e sui buoi. Nei primi testi e nelle prime illustrazioni che la ritraggono, Epona non viene mai raffigurata in forma umana, ma come cavallo o mulo. Tuttavia, una volta che fu indottrinata nella mitologia romana a causa della sua ammirazione da parte della cavalleria romana, posò in forma umana su un carro o su un trono tra due cavalli. Come per molte divinità della mitologia celtica, non si sa se avesse rapporti di parentela con le altre divinità.

Lugh (Lugus, Lamfhada, Luga): Il Dio dei re

Lugh era il dio dei re, della giustizia, del sole, dell'inganno, della leadership e dell'artigianato. Era una delle divinità più importanti venerate dai Celti, grazie alla sua impressionante intelligenza e abilità in battaglia. Fu oggetto di molti miti, tra cui l'esecuzione di Balor con un occhio solo. I Celti credevano che brandisse una lancia magica contro i suoi nemici con una precisione superiore a quella degli uomini. Secondo altri miti, possedeva la capacità di trasformarsi in altre identità e forme.

Secondo il mito, Lugh era il padre del semidio più importante, Cu Chulainn. Spesso usava il suo inganno per ottenere mogli e amanti, oltre al suo amore per il gioco e la vendetta. Un mito sulla sua nascita sarà trattato nel Capitolo 4.

Manannan (Manannanmac Lir): Dio del mare

Manannan era il dio del mare e guardiano dell'Oltremondo, la versione del paradiso o dell'Elisio del pantheon celtico. Le storie più comuni ruotano attorno a Manannan e ai suoi figli, in particolare il figlio adottivo Aengus e la figlia Niamh. Alcune fonti ritengono che sua moglie fosse Fand, una divinità acquatica, o Aine.

In alcuni testi si ritiene che Aine fosse sua figlia. Il padre di Manannan era il dio dell'oceano Lir.

La Morrigan: Dea della guerra

Morrigan, nota anche come Regina Fantasma, era la dea della guerra, della morte, della profezia e del destino. Era una delle dee più temibili del pantheon celtico e spesso si trasformava in altre forme. Le sue altre forme consistevano in una vecchia debole e fragile, un corvo o una cornacchia, un'armatura macchiata di sangue e un lupo. Si credeva che, quando un guerriero scorgeva un corvo sul campo di battaglia, la sua morte fosse vicina. Uno dei miti sul Dagda e sulla Regina Fantasma ruota attorno alla profezia della sua morte, che sarà spiegata più dettagliatamente nel Capitolo 5.

La Morrigan era spesso affiliata a una triade di dee che portavano anch'esse il suo nome. In alcune storie, poteva essere rappresentata come una dea singola o come parte della triade con le sue sorelle Nemain, Badb e Macha. Era anche sposata con il re degli dei in persona, il Dagda.

Taranis: Dio del Tuono

Taranis era il dio del tuono, delle tempeste e del tempo estremo. Taranis veniva spesso raffigurato con un fulmine in pugno mentre cavalcava un carro, un'immagine che rispecchiava sia Thor della mitologia norrena sia Zeus della mitologia greca. Ciò che lo distingueva, tuttavia, erano i rituali spesso brutali che si svolgevano sotto il suo nome. Questi rituali includevano anche altre due divinità: Esus, equivalente al dio romano Marte, e Teutates, dio della tribù. Il triumvirato di queste divinità richiedeva spesso sacrifici umani, secondo quanto riferito da

Cesare e dai monaci cristiani più tardi impegnati a vilipendere la religione politeista.

È stato dimostrato che i sacrifici umani, sia sotto un altare che bruciando effigi piene di persone vive, erano una pratica comune per placare Taranis. Era considerato uno dei protettori della terra ed era temuto dal suo culto. Il culto di Taranis si espanse dall'Irlanda alla Spagna e alla Francia grazie ai ritrovamenti archeologici di ruote, uno dei suoi simboli. La ruota rappresentava la mobilità e la rapida formazione di un forte maltempo.

Conclusione

Gli dèi e le dee del pantheon celtico giocavano tutti un ruolo fondamentale nella complessità della vita dei Celti. In base a ciò che gli dei rappresentavano per lo più, era chiaro che il popolo celtico apprezzava la fertilità e l'agricoltura più di ogni altra caratteristica. A causa della mancanza di testi che ci permettano di comprendere appieno la complessità di questa mitologia, il suo mistero incuriosisce ancora oggi molti. Dai personaggi dei videogiochi alle canzoni scritte in celtico antico, le memorie di un passato lontano sono state resuscitate. Tuttavia, una delle ispirazioni per un intero genere di fantasy e horror risiede nelle creature, nei semidei e negli eroi dell'antico pantheon celtico.

CAPITOLO 2: CREATURE E PERSONAGGI DEL PANTHEON CELTICO

Sebbene si possa essere tentati di immaginare le leggende di Re Artù e del suo famigerato viaggio, il pantheon celtico è precedente alle leggende arturiane. Il pantheon celtico può essere considerato il capostipite delle leggende su creature magiche e luoghi mistici, con i suoi miti e le sue leggende fortemente basati sul soprannaturale e sul fantastico. Le creature variavano da innocui divertimenti a mostri terrificanti. I resti del pantheon celtico esistono ancora oggi e continuano a ispirare nuovi creatori e narratori con la loro collezione di mostri.

Creature e mostri

Nonostante la mancanza di testi scritti, la mitologia celtica ha ancora una vasta ricchezza di creature uniche e terrificanti da aggiungere all'immaginazione umana. Queste creature spaziavano da innocui fastidi a mostri terrificanti. Molte delle creature soprannaturali che conosciamo oggi hanno avuto origine dal pantheon celtico.

Balor

Secondo la leggenda, esisteva un regno che molte creature soprannaturali chiamavano casa. Queste creature soprannaturali erano conosciute come i Fomoriani, con Balor come capo. Si dice che vivessero nelle oscure profondità di laghi e mari. Spesso portavano scompiglio tra i mortali e gli stessi dei.

È stato scritto che Balor aveva un occhio maligno ed era spesso raffigurato come un gigante, equivalente al ciclope delle mitologie greca e romana. Il suo occhio maligno aveva il potere di uccidere chiunque lo guardasse, quindi spesso lo teneva chiuso. In molti miti celtici, il grande re morì in battaglia per mano di suo nipote, che gli studiosi ritenevano essere Lugh stesso.

Banshee

La banshee era una creatura comune il cui stridore avvertiva i mortali della morte imminente. Questo mostro era piuttosto comune nei racconti popolari irlandesi ed è stato persino fonte di ispirazione per molte storie dell'orrore. Le banshee erano spesso rappresentate come fanciulle macabre o donne anziane le cui urla agghiaccianti avvertivano i mortali della futura e dolorosa morte dei loro cari. A seconda del mito, questi fantasmi urlanti potevano essere adornati con un abito bianco o un mantello grigio o nero con cappuccio. Indipendentemente dal modo in cui appariva, i suoi lamenti agghiaccianti preannunciavano una morte inevitabile.

Caorthannach

Conosciuta anche come la sputafuoco, Caorthannach era un demone serpentino femminile che combatté contro San Patrizio. Alcuni ritenevano che fosse la madre

---

del diavolo. San Patrizio la inseguì dalla cima di Croagh Patrick dopo che lei era sfuggita al suo tentativo di espellere tutti i serpenti demoniaci nel mare. Durante l'inseguimento, la donna avvelenò tutte le forme di acqua potabile e gli sputò addosso del fuoco, ma Patrizio non bevve finché non la gettò nell'oceano per annegare con gli altri.

Dearg-Due

Prima del Dracula di Brahm Stoker, basato vagamente su Vlad l'Impalatore, esisteva un vampiro più importante nel folklore celtico, in particolare in Irlanda. La Dearg-Due era un bellissimo demone femminile che attirava gli uomini verso la morte e li prosciugava di sangue. Simile a Dracula, che si nutriva di donne, la Dearg-Due si nutriva di uomini mortali.

Il Dearg-Due originale era la storia di una giovane fanciulla ricca e bella che si innamorava perdutamente di un contadino contro la volontà del padre. Di conseguenza, il padre la punì costringendola a sposare un altro in un matrimonio combinato. Tuttavia, i maltrattamenti furono continui e la portarono alla morte. Di conseguenza, la ragazza giurò di vendicarsi degli uomini al di là del velo.

Dullahan

Un'altra creatura comune nel mondo di oggi ha preso ispirazione dal mostro celtico noto come il Cavaliere senza testa. In sella a un cavallo nero con occhi di fuoco e vestito con un mantello nero, era foriero di morte e non temeva di fare del male ai passanti innocenti quando entrava nei villaggi. Dullahan portava la testa sotto un braccio e frustava il suo destriero, così come gli astanti, con una spina dorsale umana.

La leggenda narra che, quando entrava in un villaggio, la morte non tardava ad arrivare. Quando qualcuno sentiva chiamare il proprio nome, la morte era immediata. Quando la morte avveniva, egli alzava la testa per osservare lo spettacolo. Oltre alla banshee, la coppia appariva spesso insieme e prediceva la morte di molti.

Giganti

Molti dei miti comuni sopravvissuti ruotano intorno ai giganti. Nella maggior parte dei casi, i temibili giganti si frapponevano spesso tra l'eroe e i suoi obiettivi o le donne che amava. Di conseguenza, questi ostacoli erano quasi insormontabili sia per dimensioni che per forza. Anche le influenze esterne, come i miti greci e romani, possono essere paragonate ai giganti dei miti celtici.

Fate

Un'altra creatura comune del pantheon celtico è una delle creature fantastiche più importanti. Le fate sono onnipresenti nei media, dai film Disney ai videogiochi e ai romanzi fantasy. Sebbene possa sembrare che le fate fossero spesso delle guide, nella mitologia celtica erano note per aver fatto degli scherzi ai mortali o per aver condotto i viaggiatori stanchi lontano dalle loro destinazioni. Avevano sembianze umane e provavano emozioni come gli esseri umani, ma erano dotate di doni e poteri soprannaturali. Venivano inoltre rappresentate in varie dimensioni, dalla creatura più piccola alle dimensioni di un essere umano. Le fate, o Fae, erano spesso suddivise in due categorie principali: Unseelie e Seelie.

I Fae Unseelie racchiudono in sé l'oscurità. Nella maggior parte dei casi, i Fae Unseelie, come gli gnomi, giocavano scherzi agli umani per divertimento. Alcune, tuttavia, erano sinonimo di demoni, come i folletti. Nel corso della storia, si è creduto che questi tipi di fate fossero angeli decaduti e degradati della cristianità, spiriti dei morti o semplicemente demoni.

I Fae Seelie, invece, erano creature utili e gioiose, simili alle fate rappresentate oggi nella cultura popolare. Questa categoria di fate comprendeva folletti, spiriti eterei che guidavano gli eroi nel loro viaggio. Le fate Seelie facevano anche scherzi innocui agli umani. Tuttavia, se una fata veniva offesa, rappresentava una minaccia per proteggere il suo regno.

I folletti

Il folletto è un elemento fondamentale della cultura irlandese, sia attuale che passata. Gli omini vestiti di verde e con la barba arancione portano un quadrifoglio, simbolo di fortuna. I folletti erano esseri soprannaturali solitari che spesso si dilettavano a fare dispetti. Alcuni studiosi ritengono che i folletti siano considerati fate, ma il loro stile di vita solitario contraddice questa teoria. Negli anni successivi, i folletti erano noti per la loro abilità nel fare le scarpe e per l'abitudine di nascondere una pentola d'oro alla fine dell'arcobaleno. Era anche diffusa la convinzione che se qualcuno avesse catturato un folletto, questi avrebbe esaudito tre desideri.

La bestia che cerca

Questa antica bestia era una chimera che spesso incuteva paura nel cuore degli uomini. La Bestia Cacciatrice era rappresentata dalla testa di un serpente, dal corpo di un leopardo, dalle zampe di un leone e dagli zoccoli di un cervo massiccio. Questa creatura spesso predava guerrieri e cavalieri durante le leggende di Artù. Si diceva che la creatura fosse rapida nel colpire con un grido di battaglia che sembrava l'ululato di 30 lupi contemporaneamente.

Sluagh

Gli Sluagh erano i fantasmi celtici del loro pantheon. Erano considerati peccatori, intrappolati tra il mondo dei vivi e quello dei morti. Le loro anime vagavano sulla terra perché né il paradiso né l'inferno le volevano; nella loro rabbia e nel dolore per la loro situazione, gli Sluagh rubavano le anime ai vivi. Alcune famiglie irlandesi tenevano sempre chiuse le finestre rivolte a ovest per tenere gli Sluagh fuori dalle loro case. Tuttavia, era pratica comune che gli Sluagh rapissero qualsiasi anima in vista a causa della loro rabbia per il loro destino.

Un semidio e un eroe

Una delle tragedie del pantheon perduto è che ci sono così poche storie e miti che ruotano attorno a eroi e semidei. Le mitologie più complete hanno il lusso di avere molti miti con semidei, ma il pantheon celtico ne è privo. La maggior parte delle storie è andata perduta nel tempo con l'estinzione delle diverse culture dei Celti. Cesare scrisse che i Galli avevano, ad esempio, un mito della creazione, ma ciò che rimane sono frammenti che non possono essere ricomposti. Lo stesso vale per i semidei e gli eroi.

Grazie alla narrazione orale tradizionale, due figure rimangono ancora oggi nel folklore irlandese; purtroppo, altri eroi delle numerose tribù sparse per l'Europa sono scomparsi dopo la conversione forzata dei Celti al cattolicesimo. Nonostante questa conversione, tuttavia, gli irlandesi continuavano a raccontare le storie dei grandi Cu Chulainn e Finn mac Cumhaill.

I quattro cicli della mitologia

Il pantheon celtico aveva quattro diversi cicli mitologici in cui si svolgevano tutte le storie. Ogni ciclo era un lasso di tempo che andava dal 2000 a.C. al 1400 a.C. e che aveva le sue forme di magia e intrigo. I nomi di questi cicli erano: Ciclo delle Invasioni, Ciclo dell'Ulster, Ciclo Feniano e Ciclo dei Re.

Cu Chulainn

Cu Chulainn faceva parte del ciclo mitologico dell'Ulster, che comprendeva i racconti dell'Uliade, un regno con un potente re di nome Conchobar mac Nessa. Si ritiene che Cu Chulainn fosse figlio del dio del sole Lugh e di una donna mortale di nome Deichtine. Ci sono diverse storie che ruotano intorno alla sua nascita, una più scandalosa dell'altra. Nacque con il nome di Setanta e, quando aveva circa cinque anni, salvò uno dei suoi insegnanti dal selvaggio mastino di un nemico. Di conseguenza, il suo nome divenne Cu Chulainn, ovvero "il mastino di Culann". Cu Chulainn era un guerriero temibile in battaglia, soprattutto per la sua capacità di berserk. In questa modalità, era impossibile per lui distinguere un amico da un nemico.

Cu Chulainn ha raggiunto uno status leggendario grazie alle sue numerose abilità in battaglia e alla vita che ha vissuto. Dall'uccisione accidentale del proprio figlio, alle sue numerose amanti, fino alla sua morte, Cu Chulainn fu un uomo pieno di intrighi e di avventure. Le storie che coinvolgono questa figura nella mitologia verranno esplorate nel Capitolo 6.

Finn mac Cumhaill

Finn mac Cumhaill era un eroe noto per la sua abilità in battaglia e per aver usato la sua intelligenza per avere la meglio in altre storie. Faceva parte del Ciclo feniano, le cui storie ruotavano principalmente intorno a lui. Si basava in gran parte su una figura storica del III secolo d.C. e ha cementato il suo status di leggenda all'interno dei miti irlandesi. Le storie erano narrate dal figlio Oison, un poeta.

Il Ciclo feniano della mitologia racconta la vita di Finn mac Cumhaill. Miti come il Salmone della Conoscenza e la creazione della Giant's Causeway in Irlanda erano tra i più famosi, e raccontavano della sua potente conoscenza e delle sue abili tecniche di battaglia. La descrizione dell'eroe dice che era alto come un gigante e aveva un pollice magico che gli forniva saggezza e conoscenza.

Conclusione

Le creature mitiche e le leggende del pantheon celtico erano notevoli per la loro capacità di ispirare i futuri creativi. I mostri erano terrificanti e gli eroi esigevano rispetto e ammirazione. Le creature variavano da spiriti guida e fastidiosi a mostri mortali che creavano il caos sia per gli eroi della leggenda che per i comuni mortali. Queste creature, specialmente quelle impregnate di elementi magici, erano solo una parte dei miti che racchiudevano il pantheon celtico. Nel resto di questo libro, i racconti che circondano alcune di queste creature, eroi e divinità saranno esplorati in modo più dettagliato.

CAPITOLO 3: I MITI DI AENGUS

Come altre mitologie, anche quella celtica era spesso intrisa di temi quali l'amore/la lussuria, la ricerca del potere o la salvezza dei membri della famiglia da un nemico feroce. I miti dei prossimi capitoli non fanno eccezione. Violenza, spargimento di sangue e inganno sono onnipresenti nei miti di Aengus, compresa la sua nascita e il motivo della sua trasformazione in cigno.

Il prodotto di una relazione

La creazione di Aengus fu un mito avvolto nell'inganno sia da parte del padre, il Dagda, sia da parte della madre, Boann, dea del fiume Boyne. Boann era sposata con Elcmar, che era un amministratore del Dagda. Boann nutriva profondi sentimenti romantici per il Dagda, che furono poi consumati una notte. Alcune fonti sostengono che il Dagda la visitò in sogno, mentre altre affermano che la visitò di persona. Comunque sia andata, il concepimento di Aengus era inevitabile. Per consumare i loro sentimenti reciproci, il Dagda mandò Elcmar a fare una commissione.

Mantenere il sole al suo posto

Dopo aver scoperto che era stato concepito un bambino, il Dagda usò i suoi poteri per controllare lo scorrere del tempo. Per nascondere il figlio illegittimo a Elcmar, la soluzione del Dagda fu quella di tenere il sole fermo fino alla nascita del bambino. Per nove mesi, il Dagda tenne fermo il sole per ingannare Elcmar e tutti gli altri, facendo credere che fosse passato un solo giorno.

Mentre Elcmar era via, il Dagda si assicurò che l'intendente non si sentisse a disagio. Riuscì a dissipare la sete, la fame e persino l'oscurità di Elcmar, facendogli credere che fosse passato un solo giorno. Nel frattempo, il bambino crebbe nel grembo di Boann fino alla sua nascita. Boann chiamò il figlio Aengus e lo consegnò al Dagda, che lo nascose al sicuro dalla vendetta nel caso in cui Elcmar avesse scoperto la relazione della moglie e il figlio che ne era nato.

Il Dagda affidò il bambino a Midir, uno dei suoi figli, affinché svolgesse il ruolo di figura paterna. Ogni giorno che passava, Aengus diventava sempre più abile con i suoi giochi di parole, che gli avrebbero permesso di ottenere futuri successi nelle battaglie di arguzia. Il bambino divenne un giovane uomo affascinante che non invecchiava mai. Si credeva che la sua immortalità fosse il risultato del fatto che il Dagda tenesse fermo il sole mentre lui era nel grembo materno.

Reclamare il castello

Non è chiaro quando Aengus scoprì la sua vera discendenza, ma fu dopo la maggiore età. Si ipotizza che questa scoperta possa essere stata fatta dal padre adottivo e dalla moglie Fuamnach, entrambi presenti in un mito successivo. Dopo questa scoperta, Aengus ingannò il patrigno per reclamare la sua casa legittima.

Una volta appresa la verità sulla sua nascita, Aengus cercò il Dagda e chiese che gli desse una terra, come aveva fatto di recente per gli altri figli. Il Dagda rifiutò e convinse invece il figlio a rubare la casa di Elcmar a Bru na Boinne.

Aengus, con la sua lingua scivolosa, bussò alla porta di Bru na Boinne, che rivelò Elcmar. Aengus chiese di poter pernottare nella casa. Vista l'enfasi posta sull'ospitalità nell'antico mondo celtico, Elcmar accettò di fermarsi per la notte.

Laa ocus aidce. "Un giorno e una notte". Quando queste parole venivano pronunciate nell'antica lingua irlandese, potevano anche essere fraintese per significare "tutti i giorni e tutte le notti". Aengus aveva previsto che queste parole fossero usate in questo contesto. L'abile gioco di parole di Aengus procedette a confondere e umiliare ulteriormente Elcmar quando fu decretato che Elcmar doveva cedere le sue terre al figlio della relazione della moglie.

Mito alternativo

Si è anche ipotizzato che Aengus abbia usato questo trucco sul Dagda stesso per reclamare il posto che gli spettava. Invece di andare a casa di Elcmar a Bru na Boinne, alcune storie sostengono che la residenza del Dagda fosse in questo luogo. Infuriato perché il padre si rifiutava di dargli la terra mentre i suoi fratelli ricevevano la loro, Aengus fece questo stesso scherzo al Dagda, costringendo il dio dei re a dare questa stessa terra al figlio.

Il corteggiamento di Etain

Il corteggiamento di Etain è uno dei miti più completi del Ciclo delle Invasioni della mitologia celtica. Il Ciclo dell'Invasione faceva parte delle guerre tra vari esseri soprannaturali - dèi e creature - che lottavano per rivendicare l'Irlanda come propria. Questo primo ciclo presentava le storie degli antichi dei e il suo mito era uno dei più famosi.

La donna disprezzata

Midir il Superbo, fratello e padre adottivo di Aengus, era un tempo il re del popolo fatato noto come Tuatha De Danann. Lui e sua moglie Fuamnach vissero insieme per molti anni, soddisfatti della loro relazione. Vivevano a Bri Leith, o più precisamente nelle Hollow Hills.

Un giorno, mentre Midir era a caccia con i suoi uomini, si imbatté nella più bella fanciulla che avesse mai visto mentre si lavava i capelli vicino al ruscello. Scoprì che si chiamava Etain. I due si innamorarono immediatamente e Midir volle sposarla e portarla a casa a Bri Leith. Lei acconsentì al matrimonio e i due si sposarono poco dopo.

Midir ed Etain trascorrevano molto tempo insieme e la voce della sua bellezza si diffuse rapidamente in tutto il regno. I due si separavano raramente, perché Midir non riusciva a stare lontano da lei per molto tempo. Trascurò i bisogni della sua prima moglie, il che provocò una furia completa di magia e vendetta. Dopo aver visto il marito tra le braccia di un'altra, il conforto e l'amore che aveva un tempo si oscurarono con la rabbia, il tradimento e la gelosia. In preda all'angoscia, reclutò l'aiuto di un druido per un incantesimo.

Il druido Bressal, insieme a Fuamnach, entrò di notte nella camera da letto di Etain mentre questa dormiva. Bressal evocò una tempesta e trasformò Etain dalla fanciulla più bella della terra in una mosca. La tempesta la travolse con i suoi venti e la portò lontano dal castello del suo amore, Midir il Superbo.

La vita di una mosca

Per sette lunghi anni, Etain è stata sferzata in tutto il paese dalla tempesta che ha lasciato le sue ali malconce e lacerate. I suoi sette anni di volo infinito ebbero fine quando atterrò sul davanzale della finestra di Bru na Boinne. Finalmente in grado di riposare, si arrampicò nelle stanze da letto di Aengus mentre lui era presente.

Aengus riconobbe immediatamente Etain per quello che era; vide subito attraverso l'incantesimo che era stato lanciato su di lei dal druido e da Fuamnach. Per quanto ci abbia provato, non è riuscito a sciogliere completamente l'incantesimo. Riuscì a darle la forma più simile a quella umana che potesse avere. Dal tramonto all'alba, Etain tornò ad essere umana. Aengus piantò i fiori e gli arbusti più aromatici e colorati negli angoli più soleggiati del suo giardino per il suo uso personale, mentre lei trascorreva i suoi giorni come mosca.

Col tempo, Aengus ed Etain si avvicinarono e alla fine si innamorarono. La coppia credeva che avrebbe trascorso molti anni lunghi e felici insieme. L'unica cosa prevedibile della vita è la sua imprevedibilità; ben presto la disprezzata prima moglie di Midir scoprì il rifugio della sua rivale.

Fuamnach si trasformò in corvo e osservò da un melo situato al centro del giardino. Individuò la delicata Etain mentre si spostava da un fiore all'altro. Con un colpo di becco, Fuamnach afferrò Etain ed evocò un'altra potente tempesta. Ancora una volta, fu spazzata via dalla sua casa, ben oltre i tumuli delle fate e in un territorio dove pochi abitanti delle fate osavano andare.

Dopo la seconda scomparsa di Etain, Aengus capì che era stata rapita dal geloso Fuamnach. In preda alla rabbia, lanciò in aria una pozione magica e invocò gli dei per porre fine alla sua sofferenza sulla terra. Nel frattempo, Etain fu trascinata da un'altra folata di vento che la portò nel regno dell'Ulster.

Il re dell'Ulster Etar stava tenendo un grande banchetto con i suoi nobili, che erano stipati all'interno del castello per una notte di danze e allegria. Etar era seduto accanto a sua moglie, che si godeva i festeggiamenti. Lei cullava un calice di vino tra le mani mentre si godeva il tempo accanto al marito.

Esausta, Etain si abbandonò sul bordo del calice di vino. Attirata dal suo dolce aroma, si chinò in avanti per bere un piccolo sorso. Scivolò e schizzò nel vino quando la regina spostò il calice verso la sua bocca. La regina inghiottì Etain. Nelle settimane successive, la moglie di Etar scoprì la sua gravidanza miracolosa e portò Etain nella sua prossima vita di mortale. Gli dei esaudirono la richiesta di aiuto di Aengus non appena Etain fu inghiottita e annidata nel grembo di una regina mortale. Etar e sua moglie accolsero una bambina di nome Etain. Era la stessa Etain di prima, senza i ricordi della sua vita precedente.

Negli anni precedenti al ricongiungimento di Midir ed Etain, Aengus inseguì la madre adottiva in cerca di vendetta. La rintracciò dove alloggiava con il suo amico druido Bressal e la decapitò. Portò il suo brutale trofeo a casa, nel Bru na Boinne.

Finalmente insieme

Midir ed Etain si ricongiunsero molti anni dopo, quando lei era già sposata con il re di Erin noto come Eochu. Eochu aveva anche un fratello di nome Ailill, che diventava sempre più debole a causa del suo amore non corrisposto per Etain. Quando il marito lasciò il castello per visitare il suo regno, Ailill le confessò il suo amore e che l'unica cura per la sua malattia era lei. Lei voleva che lui si sentisse meglio, così accettò di incontrarlo in un cottage sulla collina, lontano da occhi indiscreti e per tenere la relazione lontana dal letto del re.

Midir si infiltrò nelle mura del castello e si travestì da Ailill ogni tre volte. Si incontrò con Midir, ma capì che c'era qualcosa di strano nel fratello di suo marito. Invece di avere rapporti con l'impostore, conversò con Midir. Al terzo incontro, Midir confessò finalmente chi era e la fanciulla che era prima.

All'inizio, si rifiutava di credere di essere una mortale rinata. Dopo averla convinta a lungo, alla fine credette a Midir e accettò di tornare a casa con lui solo se Eochu lo avesse permesso. All'arrivo di Eochu al suo castello, Midir lo sfidò a una partita a scacchi.

All'inizio Eochu sembrava essere il giocatore superiore. La posta in gioco si alzava costantemente, con perdite sempre maggiori per Midir. Nell'ultima partita, Midir propose una sfida in cui il vincitore avrebbe potuto baciare e abbracciare Etain. Credendo di vincere, Eochu accettò la sfida. Purtroppo, il re perse la scommessa. Una condizione che pose fu che Midir potesse reclamare il suo premio dopo un anno.

In quell'anno, Eochu pretese che il suo castello fosse sorvegliato a oltranza per prepararsi al ritorno del suo nemico. Nonostante le numerose guardie, Midir riuscì a entrare nel castello senza farsi notare. Lì affrontò il re per reclamare il suo premio. Quando il re accettò di permettere ai due di baciarsi e abbracciarsi, sia Etain che Midir si trasformarono in cigni e volarono via.

Midir e il suo vero amore si trasformarono in cigni per poter finalmente godere della vita che avevano desiderato insieme dopo anni di attesa. In questo prossimo mito, ci sono alcune somiglianze tra i due fratelli che cercano senza sosta il loro vero amore.

I sogni di Aengus

Essere il dio dell'amore aveva certamente i suoi vantaggi e Aengus ne approfittava spesso. Poteva far innamorare di sé qualsiasi donna, sia essa una mortale o addirittura una potente dea. Usava il suo bell'aspetto e la sua lingua vellutata per attirare le donne nel suo letto. Inoltre, gli uccelli che lo circondavano intonavano bellissime canzoni, che lo aiutavano nel processo di corteggiamento delle donne.

La donna dei suoi sogni

Una notte, mentre dormiva, Aengus sognò una bellissima fanciulla. Pur non conoscendo il suo nome, si innamorò immediatamente della sua bellezza. Svegliandosi di soprassalto, si rese conto di aver appena visto il volto del suo vero amore. Il suo cuore si contorse per la nostalgia e l'angoscia di non poterla conoscere, così ricorse all'aiuto di sua madre Boann e di una dea del bestiame di nome Bealach na Bo Finne.

Cercarono la terra per un anno prima di tornare esauste e a mani vuote. Le dee non riuscirono a trovare la misteriosa donna dei sogni di Aengus. Affranto, Aengus chiese aiuto a suo padre, il Dagda, per ritrovare il suo amore perduto. Passò un altro anno prima che il Dagda tornasse per rivelare che nemmeno lui era riuscito a trovare la giovane fanciulla.

Nell'ultimo tentativo di ritrovare il suo amore perduto, Aengus chiese aiuto a un amico del Dagda, il re Bodg Derg del regno di Munster. Anche in questo caso, Aengus attese un anno prima che Bodg Derg tornasse, ma questa volta gli rivelò di averla finalmente trovata. Gli indicò la sua posizione e il suo nome: Caer Ibormeith. Appreso tutto ciò che doveva sapere, partì alla ricerca dell'amore della sua vita.

Un ago in un pagliaio

Quando Aengus arrivò nel luogo del suo amore perduto, era l'ultimo giorno di Samhain, ovvero l'odierno Halloween. Sulla riva del lago noto come Bocca del Drago, scoprì 150 donne con catene che le legavano a coppie. Sapeva che il suo vero amore era qui, in attesa che lui la liberasse dalla prigionia.

Indignato, iniziò una conversazione con i rapitori delle donne. Si scoprì allora che alla fine di Samhain, tutte le donne si sarebbero trasformate in cigni per un anno. Aengus spiegò che credeva che una donna fosse la sua anima gemella. Scommise che se fosse riuscito a trovare la sua fanciulla sotto forma di cigno, gli sarebbe stato permesso di sposarla. I rapitori accettarono la scommessa. Mentre guardava i volti di queste 150 donne, riconobbe il volto della donna dei suoi sogni. I suoi occhi erano pieni di speranza quando il suo sguardo si posò su di lei e il riconoscimento gli inondò il viso.

L'amore di un cigno

Dopo la trasformazione delle donne in cigni, per Aengus sembrava non esserci speranza. Non c'era modo di distinguere Caer da qualsiasi altro cigno in base al loro aspetto fisico attuale. Rifletté per un breve momento prima di decidere di trovare il suo amore trasformandosi anch'egli in un cigno. Dopo la trasformazione, chiamò il suo vero amore, che gli rispose.

Aengus e Caer si sono finalmente uniti dopo averla sognata a lungo. Una volta scoperti, la coppia volò via cantando la più bella canzone conosciuta dall'uomo. La loro armonia all'interno della canzone lanciò un incantesimo di sonno sui rapitori di lei, che li fece dormire per tre giorni interi prima di svegliarsi.

Da quella notte, la coppia perfetta si ritrasforma in cigno ogni due anni, alla fine di Samhain. La coppia, insieme alle altre 149 donne, si riunisce e mantiene la forma di cigno per il resto dell'anno. Sono rimasti in questa eterna danza tra le forme con un amore senza fine.

Conclusione

Aengus compare in un totale di cinque diversi miti del pantheon celtico. La sua influenza e il suo potere nel contesto dei miti gli garantirono il successo come dio e fu una divinità molto amata dai Celti. Sebbene le circostanze della sua nascita fossero scandalose, egli fu anche un faro di speranza per i popoli celtici.

Lui e suo fratello Midir riuscirono a trovare e a mantenere l'amore che cercavano, anche attraverso una dolorosa attesa. Aengus aveva molti doni, ma la perseveranza nell'amore era il suo più notevole.

CAPITOLO 4: LA VITA DI LUGH

Uno degli dei più importanti del pantheon celtico, Lugh era un maestro di tutti i mestieri e credeva nel valore dei giuramenti. Era insuperabile in battaglia ed era conosciuto come Lumfada o "braccio lungo". Questo in riferimento alla lancia che prediligeva in battaglia e alla sua padronanza dell'arma. Amato e temuto allo stesso tempo, Lugh fu, un tempo, un sovrano del popolo dei Tuatha de Danann. Essendo il dio della giustizia e del giuramento, è probabile che il suo nome fosse un omaggio celtico alla frase che significa "legare con un giuramento". Nonostante fosse re e governasse la giustizia, usava anche l'inganno per imbrogliare, mentire e rubare per sopraffare i suoi nemici.

Data l'importanza di Lugh nel pantheon, i Celti avevano persino una festa che portava il suo nome. Il primo agosto, i Celti celebravano la vita e la morte di Lugh, soprattutto per la sua vittoria a Tir na nOg, di cui si parlerà più avanti in questo capitolo. La vita di Lugh fu affascinante e continuò anche dopo la sua morte.

La nascita di Lugh

Proprio come Aengus, Lugh era un bambino nato in un ambiente scandaloso. Diversi miti derivano da questa nascita unica, ma uno si distingue dagli altri. Alcuni miti sostengono che suo padre Cian e sua madre Ethniu si sposarono per cementare l'unione tra il popolo dei Tuatha De Danann e i Fomoriani. Secondo questo mito, i Tuatha De Danann stavano per invadere i Fomoriani e il matrimonio fu il risultato di una pace definitiva tra i regni. Tuttavia, è emersa una versione successiva del mito, che racconta la profezia della sua nascita.

Una visione profetica

Balor, una delle creature leggendarie del pantheon celtico, era il re dei Fomoriani, una razza di demoni che viveva nelle profondità di mari e laghi. Un giorno, un druido parlò di una profezia su Balor: che sarebbe stato ucciso da suo nipote. Preso alla sprovvista, Balor tornò di corsa al suo castello e ordinò che sua figlia Ethniu fosse rinchiusa in una torre chiamata Tor Mor, o "grande torre", sull'isola di Tory, in Irlanda.

Non doveva venire a conoscenza dell'esistenza di uomini che impedissero la gravidanza e, quindi, della profezia. Ethniu era molto giovane al momento della sua prigionia. Balor era meticoloso su chi avrebbe dovuto prendersi cura di sua figlia, quindi affidò la cura di lei solo a donne. In totale, dodici donne, a turni diversi, si presero cura di ogni sua esigenza mentre cresceva in età adulta.

La notte fatidica

Nel frattempo, fuori dal Tor Mor, c'era una famosa mucca che produceva un latte così apprezzato da attirare persino personaggi del calibro di Balor. La mucca era accudita da Cian, il padre di Lugh, per conto del fratello che in quel momento era lontano. Cian era anche uno dei guaritori degli dei e occupava una posizione di tutto rispetto nel pantheon.

Balor, nella sua avidità, voleva la mucca magica per sé. Si offrì di acquistare la mucca, ma Cian rifiutò l'offerta. Infuriato, Balor si trasformò in un piccolo mortale dai capelli rossi e dalle lentiggini, raccontando una storia di sventura. Con l'inganno riuscì a convincere Cian a dargli la mucca.

Poco dopo, Cian si rese conto di essere stato ingannato. Aveva sentito parlare di una donna intrappolata in una torre, che si dava il caso fosse anche la figlia di Balor. In cerca di vendetta per il furto, Cian si recò da una fata magica di nome Birog, che aveva accettato di aiutarlo. Ella evocò un incantesimo che lo trasportò in cima alla torre dove era imprigionata Ethniu.

Dopo essersi arrampicato attraverso una finestra, Cian si presenta e inizia a corteggiare Ethniu. Poco dopo, la sedusse e si arrampicò di nuovo attraverso la finestra per recuperare la mucca rubata. Sperando di aver gettato i semi della sua vendetta, fuggì dalla zona.

Il bambino quasi annegato

Lugh, insieme agli altri due fratelli, fu concepito quella notte. Col passare del tempo, Balor si rese conto che sua figlia era davvero incinta. Dopo aver dato alla luce i tre gemelli, il padre glieli strappò dalle braccia, li raccolse in un fascio di lenzuola e ordinò a un servo di annegarli nel lago. Il servo lo fece. Riuscì ad annegare i primi due gemelli, ma fece cadere il terzo nel porto. Il terzo figlio era Lugh, che fu poi salvato da Birog.

Quando Birog capì chi era il padre del bambino, restituì Lugh a Cian. Per proteggere ulteriormente il figlio, Cian decise di affidarlo a qualcuno. Le varie versioni del mito includono come genitori adottivi il fratello di Cian, Gavida, il dio di tutti i fabbri, il dio del mare Manannan mac Lir e persino la regina di Bilrog, Tailtiu. Poiché Lugh era nascosto, il giorno della vendetta di Balor non arrivò mai, ma cementò ulteriormente la profezia che si sarebbe svolta.

Lugh e i Tuatha De Danann

Dopo la sua miracolosa sopravvivenza, Lugh crebbe fino a diventare un giovane gentiluomo. Con il tempo, imparò a padroneggiare tutti i mestieri e le abilità, al punto da voler diventare un membro delle Tuatha de Danann. Come protettore degli dèi, si rese conto di poter possedere una notevole quantità di potere e di poter ottenere il rispetto dei popoli minori.

Rifiuto e inganno

Lugh possedeva la padronanza di ogni mestiere che lui e gli dei ritenevano prezioso. Le abilità in mestieri come il fabbro, la spada, la storia, la poesia, la stregoneria e molti altri erano considerate la priorità assoluta quando si permetteva a qualcuno di essere un sovrano di un certo mestiere. Entrò nella Sala di Nuada nel regno di Tara, o palazzo degli dei.

Bussò alle porte del palazzo e chiese un'udienza al re per mostrare le sue abilità. A coloro che erano degni dell'attenzione del re veniva concesso l'accesso per servire il re con i loro doni. Lugh dimostrò più volte di essere degno di un posto tra i Tuatha De Danann. Ogni volta che veniva ricevuto dal portiere, però, veniva respinto perché i ruoli erano già stati occupati.

Dopo il rifiuto finale, si rese conto che non avrebbe potuto raggiungere il suo obiettivo con una sola abilità. Incuriosito e formulando un piano, chiese al portiere se il ruolo di maestro di ogni abilità fosse stato assunto; la risposta fu negativa. Di conseguenza, Lugh si ritrovò ad essere il dio con il titolo di "maestro di ogni abilità". Dopo l'udienza con il re, fu conosciuto d'ora in poi come Capo Ollam, o "maestro di tutte le abilità".

Salvatore degli Dei

Quando Lugh riuscì finalmente ad accedere al palazzo, scoprì che il suo popolo era oppresso dai Fomoriani. I Fomoriani li temevano e li sottomettevano costantemente, cosa che colse Lugh di sorpresa. I Fomoriani indissero una gara per vedere chi fosse il più abile in diversi compiti, come il lancio di una pietra di bandiera e il combattimento. Lugh si oppose al campione Ogma e vinse tutte le gare, come suggerivano il suo nuovo nome e il suo titolo. In seguito suonò l'arpa come intrattenimento per i Fomoriani e la corte.

Nuada, l'attuale re degli dei, si avvicinò a Lugh in base alle sue capacità e si chiese se questo giovane sarebbe stato la loro salvezza. Lugh fu quindi introdotto alle strategie di battaglia, mentre i Tuatha De Danann iniziavano i preparativi per la guerra contro i Fomoriani. Tuttavia, i loro preparativi non durarono a lungo, poiché si sviluppò la Prima Battaglia di Moytura.

Durante questo conflitto, i Tuatha De Danann e i Fomoriani giunsero a una situazione di stallo. Nuada aveva perso la mano destra e, secondo le loro usanze, fu costretto a dimettersi. Secondo le tradizioni dei Tuatha De Danann, un re doveva rimanere integro; poiché il re aveva perso la mano, non era più in grado di essere il re. Di conseguenza, il successore in linea di successione fu Bres, che ritardò la guerra. Bres era un mezzosangue, con un genitore fomoriano.

La seconda battaglia di Moytura

Col tempo, Bres governò sui Tuatha De Danann e contribuì alla loro schiavitù nei confronti dei Fomoriani. Re Bres regnò per 27 anni, costringendo il suo regno a piegarsi alla volontà dei Fomoriani. La prima battaglia di Moytura svanì nella mente di tutti, tranne che in quella di Lugh. Mentre re Bres regnava, Lugh si mise in viaggio per trovare e reclamare il trono per Nuada, il re legittimo. Wright afferma che Lugh, insieme ad altre due persone che si dice siano il padre e il fratello di Cian, contribuì a forgiare due pugni: uno d'argento e l'altro di carne, da restituire a Nuada per aiutarlo a reclamare il trono. Una volta che Nuada fu di nuovo integra, Lugh poté radunare le truppe e prepararsi a una nuova guerra.

Prima della battaglia finale a Moytura, Lugh ispirò le truppe chiedendo loro quali capacità avessero. Quando si rivolse a ogni uomo e donna, l'ispirazione e la determinazione a vincere la battaglia aumentarono. Molte truppe sapevano che non sarebbero tornate dalla battaglia, ma la loro volontà di combattere per la libertà dall'oppressione e dalla schiavitù superò persino i potenti spiriti di dei e re. Dopo il discorso finale di Lugh, dichiararono guerra ai Fomoriani.

La profezia si rivela

La brutale battaglia fu lunga, sanguinosa e ardua. Il sangue fu versato da entrambe le parti mentre ciascuno combatteva valorosamente. La stanchezza colava dalle membra di tutti, mentre il metallo delle forze contrapposte si scontrava. Entrambe le parti subirono gravi perdite. Nuada detronizzò Bres dopo aver riconquistato la sua mano. Dopo la caduta di Bres, i Fomoriani rifiutarono di accettare la sconfitta; i Tuatha De Danann, ispirati dalla rimozione di un tiranno, combatterono più duramente.

Nuada fu presto ucciso da Balor, dopo aver detronizzato Bres. Balor decapitò il re nel bel mezzo della battaglia. L'improvvisa perdita del loro re colpì tutti i Tuatha De Danann. Molti di loro barcollarono una volta capito cosa era successo al loro re, ma il dolore improvviso alimentò la loro sete di sangue e di vendetta. Lugh non fu da meno e cercò suo nonno.

Prima che Balor potesse davvero assaporare la sua gloriosa uccisione, Lugh lo affrontò. Riconoscimento e paura irradiarono l'occhio del gigante. Aprì l'altro occhio, noto per avvelenare tutti quelli che guardava. Lugh era pronto per questo. Una volta aperto l'occhio, lanciò una pietra dalla sua fidata fionda. Il proiettile colpì Balor nell'occhio velenoso, uccidendolo all'istante. Balor cadde a terra e il regno del terrore morì con lui. La profezia aveva chiuso il cerchio.

Risoluzione

Dopo la morte di Balor, le sorti cambiarono in favore dei Tuatha De Danann. Una volta caduto l'amato re dei Fomoriani, cadde anche la loro volontà di combattere. Le Tuatha De Danann spinsero i Fomoriani nel lago, che fu rivendicato come parte del loro regno. La battaglia era vinta, ma c'era ancora una questione in sospeso: come gestire Bres.

Lugh diede la caccia a Bres dopo la vittoria della battaglia, quando Bres era solo, indifeso e ancora sul campo di battaglia. Bres implorò in ginocchio di essere risparmiato. Lugh lo accontentò, ma solo se Bres avesse accettato di condividere la sua conoscenza di cosa e quando piantare, seminare e raccogliere la terra dei Tuatha De Danann. Bres accettò le condizioni, ma fu poi ucciso da Lugh quando questi gli diede il latte avvelenato di 300 mucche di legno e lo costrinse a berlo.

Dimostrando di essere il maestro di tutte le abilità, soprattutto di quelle in battaglia, Lugh fu ufficialmente dichiarato re delle Tuatha De Danann. Regnò sul regno per molti anni, circa 40, fino alla sua morte e all'inizio della fine del regno delle Tuatha De Danann.

La morte del re

Pur essendo lodato per la sua capacità di governare il regno degli dei, Lugh era anche un imbroglione e noto per le sue continue relazioni. Nel corso della sua vita ebbe almeno tre mogli diverse, chiamate Bui, Buach e Nas. Attualmente non si sa se le sue mogli fossero sposate tutte insieme o se divorziasse e si risposasse. Tuttavia, Lugh non vedeva di buon occhio che le sue mogli avessero relazioni extraconiugali. Una delle sue mogli, Buach, ebbe una relazione con il figlio del Dagda, Cermait.

Quando scoprì la relazione, Lugh uccise Cermait in un impeto di vendetta. Una volta ucciso l'amante della moglie, fece finta di niente e continuò la sua vita come sempre. I tre figli di Cermait, Mac Cuill, Mac Greine e Mac Cehct, iniziarono a tramare la loro vendetta.

I figli di Cermait catturarono l'ex grande re e lo trafissero ai piedi, intrappolandolo sulla riva di un lago. In seguito, lo annegarono nel lago spingendo la sua testa sott'acqua finché non riuscì più a respirare. Tentò di combattere i tre nemici, ma quando i suoi sforzi si fecero più deboli, i figli riuscirono a sopraffarlo. Lasciarono il suo corpo nel lago, dandogli il nome di Loch Lugborta.

Dopo la sua morte mortale, Lugh fu inviato a Tir na nOg, o Oltremondo, l'equivalente dell'Eliseo e del Paradiso in altri pantheon e testi storici. L'Oltremondo era anche conosciuto come la terra dell'infinita giovinezza, il che significa che non esistevano morte, malattia o invecchiamento. Lugh visitava spesso il regno mortale e si credeva che dopo la sua morte avesse generato il leggendario Cu Cuthlainn.

Conclusione

La vita e la morte di Lugh sono un'affascinante storia di inganno, vendetta e amore. Dalle circostanze della sua nascita al suo complotto per diventare il re degli dei, Lugh era il figlio della profezia e un dio della giustizia. Era una divinità da non prendere alla leggera, né in vita né in morte. Il popolo celtico traeva saggezza e forza dai suoi miti. In suo nome si celebrava esclusivamente un festival in onore della sua vita e del suo viaggio verso Tir na nOg. Prediletto dal popolo celtico, Lugh ispirava tutti coloro che lo onoravano.

CAPITOLO 5: IL DAGDA

Il Dagda, noto anche come il re superiore del pantheon celtico, era ammirato dal popolo per la sua allegria e serietà in egual misura. Il Dagda veniva spesso raffigurato massiccio come un gigante e con un mantello con cappuccio a brandelli troppo piccolo per lui. Alcune parti del suo corpo erano ritratte come se fossero più grandi della realtà. A causa dell'influenza del cristianesimo sul popolo celtico, i cattolici raffigurarono questa divinità come una satira comica per minare qualsiasi autorità che la divinità avesse posseduto.

Il Dagda aveva molti epiteti e attributi, ma era famoso soprattutto come re degli dei. Regnò sulle Tuatha De Danann per 80 anni prima della sua morte, che permise a Lugh di risorgere dal suo regno. Uno degli impatti più notevoli sul pantheon celtico fu quello di ricordare che tutte le cose muoiono, anche gli stessi dei.

Il Dagda e gli strumenti magici

Il Dagda era noto per avere tre strumenti magici in suo possesso quando governava i Tuatha De Danann: un calderone magico, un bastone e un'arpa. Ognuno di essi rappresentava la sua maestria in un determinato campo. Questi strumenti, insieme al modo in cui veniva presentato nei miti, mostravano la sua genialità e la sua saggezza durante il periodo in cui era re.

Il calderone

Si dice che il calderone che portava con sé durante i viaggi fosse senza fondo. Conosciuto come *coire ansic*, questo magico calderone di bronzo era noto per non svuotarsi mai, dando a tutti coloro che si avventuravano con lui la pancia piena. Si diceva anche che il mestolo fosse così grande da poter contenere comodamente due uomini. Le capacità magiche del calderone includevano la resurrezione dei morti e la riparazione di qualsiasi tipo di ferita.

Questo calderone era anche uno dei Quattro Tesori delle Tuatha De Danann. Ogni tesoro si trovava su un'isola specifica, con prove e un poeta che padroneggiava diverse arti: conoscenza, druidismo, abilità magica e visioni profetiche. Per vincere uno di questi tesori, lo sfidante doveva affrontare il poeta per raggiungere la piena padronanza della materia.

A ciascuna di queste abilità erano associate quattro isole e città. Nella città di Falias si trovava il poeta Fessus, o Morfessa, che deteneva la Pietra di Fal. Questo tesoro era associato al re d'Irlanda nel suo complesso, e quindi conferiva al re dei poteri. La città di Gorias, con il poeta Esras, custodiva una lancia che Lugh utilizzò in seguito nella sua vita. La lancia dava essenzialmente al portatore l'invincibilità contro un esercito di nemici. La città di Findias, con il poeta Uscias, possedeva la Spada della Luce, che in seguito sarebbe stata data a Nuada. Questa rendeva i nemici incapaci di sfuggire alla spada una volta sguainata. Infine, il calderone era custodito dal poeta Semias nella città di Murias.

Purtroppo, attualmente non esistono storie o miti su come il Dagda sia riuscito a entrare in possesso di questo calderone. Gli studiosi discutono se sia stato lui stesso a guadagnarsi il calderone o se si sia preso il merito di un lavoro altrui.

Il personale

Un altro dei famigerati ricordi del Dagda era il bastone che portava sempre con sé, chiamato *lorg mor*. In varie traduzioni del mito, a causa delle numerose lingue dei Celti, il bastone veniva anche chiamato clava. In ogni caso, questa preziosa arma conferiva al Dagda la capacità di uccidere e resuscitare.

Esiste un solo mito che illustra come il Dagda abbia ricevuto in prestito il bastone da tre uomini che portavano con sé i regali dati loro dal padre. Questa storia ebbe inizio dopo che il figlio del Dagda, Cermait, fu ucciso da Lugh per aver avuto una relazione con sua moglie. Il Dagda trovò suo figlio dopo che Lugh lo aveva ucciso per vendetta e portò Cermait sulle spalle, piangendo. Dopo aver percorso un lungo viaggio, depose delicatamente Cermait a terra e iniziò a pronunciare tutti gli incantesimi che conosceva per riportare in vita suo figlio. Mentre sussurrava vari incantesimi, lo ricoprì di erbe.

Fu tutto inutile. Suo figlio non si risvegliò, così il Dagda portò Cermait in giro per il mondo, finché non incontrò dei mercanti orientali. Trovò tre uomini, ognuno dei quali portava un dono che il padre aveva consegnato loro. Il Dagda chiese quali fossero i doni ed essi risposero con tre oggetti: un mantello, un bastone e una camicia. Il bastone era impregnato di poteri magici di resurrezione e distruzione, il mantello permetteva a chi lo indossava di trasformarsi in qualsiasi cosa mentre lo indossava, e la camicia assicurava a chi la indossava di rimanere sano da malattie o tristezza.

Il Dagda era molto interessato al bastone. I tre uomini gli descrissero i poteri del bastone. L'estremità liscia serviva per la resurrezione, mentre quella ruvida aveva la capacità di uccidere fino a nove nemici contemporaneamente. Chiese in prestito il bastone e procedette a uccidere gli uomini contemporaneamente. Dopo il massacro, il Dagda riportò in vita Cermait. Dopo il risveglio, Cermait convinse il padre a restituire la vita anche agli uomini che aveva ucciso e il Dagda accettò.

Una volta che gli uomini furono vivi, permise loro di tenere il mantello e la camicia, in modo che non ne rimanessero senza. Il bastone, invece, era stato inizialmente preso in prestito e non era suo. Il Dagda giurò che una volta giunto il momento di morire, il bastone sarebbe tornato al suo legittimo proprietario.

L'arpa

La sua arpa di fiducia, nota anche come *uaithne* o "Musica a quattro angoli", era anche impregnata di proprietà magiche distintive. L'arpa stessa era composta da legno di quercia e ornata con oro e gioielli. Per quanto fosse uno spettacolo magnifico da vedere, la musica che il Dagda suonava era indescrivibile. Il Dagda aveva il potere di cambiare l'umore di chiunque si trovasse a portata d'orecchio e di cambiare le stagioni.

Anche se attualmente non si sa come l'arpa sia entrata in possesso del Dagda, c'è un mito che la circonda. Nella seconda battaglia di Moytura, il Dagda usò la magia dell'arpa per influenzare le forze avversarie. In battaglia, suonò accordi musicali per ispirare gli uomini a dimenticare le loro paure e a concentrarsi sulla sete di sangue e di vendetta. Al termine della battaglia, l'arpa permise agli uomini di ricordare la gloria della battaglia invece del dolore delle ferite e della tristezza per i fratelli d'arme perduti.

Prima della seconda battaglia di Moytura, l'arpa fu rubata una notte mentre i Fomoriani e i Tuatha De Danann erano in guerra tra loro. I Fomoriani avevano sentito parlare della gloriosa arpa del Dagda e del potere che forniva. Mentre il Dagda combatteva nelle numerose battaglie, i Fomoriani si insinuarono nella sua casa incustodita per rubare l'arpa. Dopo il successo del furto, ritennero che l'arpa li avrebbe avvantaggiati, indebolendo al contempo le Tuatha De Danann.

In risposta al furto della sua arpa, il Dagda si precipitò al quartier generale, un vecchio castello abbandonato che i Fomoriani stavano usando come rifugio temporaneo. L'arpa era appesa a una parete dietro il luogo in cui tutti i Fomoriani si erano riuniti per mangiare e festeggiare la vittoria sui rivali. Tuttavia, una volta entrato nel castello abbandonato, il Dagda chiamò la sua arpa. L'arpa seguì la voce del suo padrone finché non si riunirono. Il Dagda suonò una canzone sull'arpa, spingendo le donne e i bambini a piangere; gli uomini nascosero i loro volti nei mantelli a causa della vergogna che provavano per aver rubato. La canzone successiva permise a tutti i Fomoriani di ridere istericamente, al punto da non riuscire a muoversi. Infine, l'ultima canzone che suonò fu così pacifica da far addormentare la popolazione.

Nella difesa iniziale per impedire al Dagda di reclamare l'arpa, nove uomini si scagliarono contro di lui. Con il suo bastone, il Dagda uccise i nove uomini tutti insieme.

Il ritorno del personale

Il Dagda, insieme a molte divinità tra cui Lugh e Nuada, combatté a fianco degli altri nella Seconda Battaglia di Moytura contro i Fomoriani. Nella mitologia celtica, questa battaglia è una delle poche rimaste del primo ciclo mitologico chiamato Ciclo delle Invasioni, che racconta l'ascesa e la caduta dei Tuatha De Danann. In questa battaglia, entrambe le parti subirono gravi perdite, tra cui quella del Dagda.

Come corteggiare la Dea della Guerra

Prima della Seconda Battaglia di Moytura, il conflitto tra i Fomoriani e i Tuatha De Danann stava diventando sempre più intenso. Entrambe le parti sapevano che una battaglia sarebbe stata inevitabile; avevano già avuto un conflitto precedente e, una volta sotto il dominio di Bres, i Fomoriani erano diventati più arroganti e fermi. Tuttavia, gli dei fecero in modo che, quando la battaglia sarebbe arrivata, avrebbero avuto un piccolo vantaggio sugli avversari.

Il Dagda era responsabile della cattura del bestiame, compresi bovini e ovini, per ottenere latte e carne. Cercò di sottrarre ai Fomoriani risorse importanti per l'alimentazione dei loro eserciti, concentrandosi su bovini e ovini. Sebbene i suoi furti abbiano avuto un effetto complessivo limitato, il risultato è stato quello di tenere i Fomoriani all'erta e consapevoli della presenza delle Tuatha De Danann.

Mentre la tensione stava raggiungendo il culmine, entrambe le parti si prepararono alla guerra. Il Dagda, nella sua infinita saggezza, fece visita alla Morrigan, dea della guerra, della morte e della profezia. Essere un re degli dei aveva i suoi vantaggi e il Dagda sfruttava tutti i privilegi e il prestigio che gli derivavano dal titolo. Visitò la Morrigan mentre faceva il bagno a Samhain, concedendole l'accesso. Lei inizialmente rifiutò, sapendo cosa il Dagda stesse cercando, ma lui la sedusse comunque.

Colpita dalla sua abilità di amante, accettò di aiutare le Tuatha De Danann concedendo loro il suo favore. Usando i suoi poteri di profeta, gli concesse una visione dell'imminente battaglia, nella quale le Tuatha De Dannan uscirono vittoriose, ma avvertì che ci sarebbe stato un prezzo pesante da pagare. Non preoccupato, lasciò la Morrigan per continuare a lavorare sulle strategie di battaglia.

La Battaglia Finale: Tuatha De Danann contro Fomoriani

Durante la Seconda Battaglia di Moytura, il Dagda utilizzò tutti e tre i suoi oggetti magici per aiutarlo. Quando Lugh radunò le truppe per la battaglia, si rivolse al Dagda, chiedendogli quali doni avesse usato per garantire la vittoria delle Tuatha De Danann. Il suo potente bastone fu il primo a essere rivendicato, poiché era in grado di uccidere nove nemici in una volta sola. Menzionò anche l'arpa, per spaventare i Fomoriani e creare una colonna sonora per mantenere i soldati pieni di sete di sangue e della gloria della battaglia. Il calderone doveva garantire che ogni uomo o donna fosse nutrito e guarito.

Nella grande battaglia, dopo la caduta di Nuada per mano di Balor, il Dagda accorse in aiuto del fratello. Pieno di rabbia e di dolore, si lanciò in battaglia contro la moglie di Balor, Cethlenn. Mentre i due ingaggiavano un combattimento, la donna ferì mortalmente il Dagda con un'arma a proiettile come una lancia, ma l'arma stessa rimane un mistero.

La battaglia fu vinta e i Tuatha de Danann ne uscirono vittoriosi, come era stato profetizzato. Il Dagda tornò alla sua casa di Bru na Boinne, dove fu deposto. Il suo bastone fu poi restituito alla famiglia dei tre uomini da cui l'aveva inizialmente preso in prestito. Come promesso dal Dagda stesso, alla sua morte il bastone tornò al suo legittimo proprietario.

Il Dagda regnò sui Tuatha De Danann per 70-80 anni, a seconda delle varie versioni del mito. Anche se il suo corpo fisico era morto, il suo spirito continuava a vivere.

Come la maggior parte dei membri delle Tuatha De Danann, quando muoiono passano nell'Oltremondo. Il loro spirito, tuttavia, può ancora essere contattato attraverso i tumuli delle fate. Quando uno di loro si trovava in grande difficoltà, poteva invocare il dio parlando con il tumulo fatato situato vicino alla sua casa.

Conclusione

I miti onnicomprensivi del Dagda avevano generato molte speculazioni sul tipo di divinità che era. Forse non era famoso come altre divinità come Lugh o persino la Morrigan, ma il Dagda aveva un arco eccezionale per il suo sviluppo come dio e come storia stessa. Il Dagda era noto soprattutto per l'uso di strumenti magici nelle battaglie e, naturalmente, per aver generato il dio dell'amore Aengus avendo una relazione con la dea del fiume Boann. Le sue scelte discutibili lo condussero sulla strada di molte vittorie e del successo della sua stirpe come divinità. Il Dagda fu molto probabilmente il più potente di tutti i re degli dei, compreso Lugh. Il prossimo capitolo tratterà del famigerato figlio di Lugh: Cu Chulainn.

CAPITOLO 6: I MITI DI CU CHULAINN

Forse una delle figure più conosciute dell'antico pantheon celtico, Cu Chulainn era considerato un eroe e un'ispirazione per molti miti. Dalla sua nascita alla sua morte, Cu Chulainn era una figura che incuteva rispetto e ammirazione sia agli amici che ai nemici. I miti che ne derivano ispirano ancora oggi lo stesso timore e la stessa ammirazione, poiché le sue storie vengono ancora tramandate di generazione in generazione.

Il mastino di Culann

La nascita di Cu Chulainn fu il prodotto dell'infedeltà dello stesso dio del sole Lugh. In alcune versioni del mito, si credeva che Lugh avesse ingravidato in sogno una donna mortale di nome Deichtine. All'epoca Deichtine era sposata con Sualtam. Per quanto si credesse che Cu Chulainn fosse una reincarnazione dello stesso dio del sole, la gravidanza che ne risultò fece convincere Sualtam che la moglie avesse una relazione. Poco dopo, il bambino nacque.

Setanta

Attualmente è un mistero la reazione di Sualtam quando si rese conto che la moglie aveva avuto una relazione. Senza dubbio ci furono domande sulla nascita del bambino, ma sembra che Sualtam abbia cresciuto Cu Chulainn come se fosse suo. Nato con il nome di Setanta, il ragazzo ebbe un'infanzia felice. Era amato dalla madre e dal patrigno, anche se non gli dissero mai della sua vera discendenza. Setanta aiutava la famiglia nella loro fattoria mungendo le mucche, tagliando la legna e svolgendo altri compiti dedicati esclusivamente a un bambino.

Setanta, però, non era un bambino normale. Era ossessionato dall'idea di imparare a combattere i suoi avversari. Un giorno, quando aveva circa cinque anni, sentì alcune chiacchiere tra i ragazzi del posto su una scuola che si dedicava alla formazione dei migliori guerrieri del paese. La scuola era nota come Macra. Se superavano i numerosi esami e si dimostravano promettenti in battaglia, i bambini venivano poi introdotti nella famosa gilda di combattenti nota come Cavalieri del Ramo Rosso.

Setanta voleva partecipare all'azione. Implorò i suoi genitori di mandarlo a scuola, ma loro lo informarono che era ancora troppo giovane per andarci. Dopo tutto, le mucche non si sarebbero munte da sole.

Contro il volere dei genitori, quel giorno stesso si recò in visita alla scuola con uno scudo fatto di rami, un bastone e una palla dura. Attraversò la campagna fino a quando non si imbatté nella scuola. I bambini stavano praticando uno sport noto come hurling, simile all'hockey su prato dei tempi moderni. Essendo già un giocatore di talento, Setanta si unì al gioco e segnò subito un gol.

La prefigurazione della grandezza

I bambini erano infuriati per il nuovo arrivato che segnava un gol senza pensarci due volte. Setanta, confuso dall'improvvisa ostilità, si ricompose dopo che i bambini cominciarono a lanciargli contro scudi e palle dure. Alcuni lo colpirono, ma poi capì di essere stato attaccato. Invece di girarsi e scappare, Setanta tenne duro e schivò i pugni che gli venivano sferrati. Alla fine è stato circondato da almeno 30 bambini che sono stati messi al tappeto.

Il preside della scuola, nonché re della zona, di nome Conchobar, sentì il trambusto all'esterno e si diresse fuori dalle mura del castello, dove sentì il clamore della lotta. Aspettandosi di vedere qualcosa di più catastrofico, fu piacevolmente sorpreso quando vide Setanta accerchiato dagli altri bambini. Il re iscrisse automaticamente il giovane Setanta e organizzò anche una festa in suo onore per quella sera al castello.

Il nuovo nome

Il re, occupato dall'invito dell'amico Culann per il banchetto, si dimenticò completamente di Setanta. Credendo che tutti fossero al sicuro, Culann lasciò che il suo cane venisse sguinzagliato come guardia all'ingresso del castello. Gli altri studenti iniziarono a consumare i loro pasti; il re e il suo ospite si sedettero a tavola.

Setanta arrivò al castello del re per partecipare al banchetto che gli era stato promesso. Ansioso di iniziare il suo addestramento, Setanta si diresse verso le mura del castello quando fu accolto da un mastino che faceva la guardia all'ingresso. Il mastino, non sapendo che Setanta era ospite del re, attaccò. Si scatenò una feroce battaglia tra le due forze. Setanta schivò gli attacchi e con un colpo secco uccise il mastino per legittima difesa.

Gli strilli e i ringhi attirarono il re e Culann. Il re si ricordò di Setanta e si precipitò a soccorrerlo, temendo il peggio per il bambino. Invece, trovò il corpo spezzato del mastino sul pavimento. Setanta era vivo e in gran parte illeso, salvo qualche graffio dovuto alla colluttazione.

Culann pianse per la perdita del suo cane da guardia. Per rimediare al malinteso, Setanta offrì i suoi servizi: giurò che avrebbe fatto la guardia alla casa di Culann mentre veniva trovato e allevato un nuovo cane. Sia il re che Culann furono sorpresi da una promessa fatta da un bambino, ma accettarono ugualmente l'accordo.

Tutti i presenti nella sala del banchetto concordarono sul fatto che un'azione del genere non doveva passare inosservata. Bisognava dare un nuovo nome al ragazzo che aveva ucciso un nemico così potente. Da quel momento in poi, Setanta sarebbe stato conosciuto come Cu Chulainn, o "il mastino di Culann".

Altre rivisitazioni

Sebbene questa rivisitazione del mito sia rivolta più ai bambini, ci sono variazioni del mito che aumentano la posta in gioco. In una variante, l'inizio è lo stesso, ma le condizioni della morte del cane sono diverse. In questa versione, Culann non era un amico del re, ma uno dei suoi nemici che cercò di tendergli un'imboscata e di ucciderlo. Setanta arrivò al castello, ma fu accolto da un suono di metallo sferragliante. Si precipitò a difendere il re dal mastino e lo uccise. Culann fuggì. Tuttavia, la storia di eroismo rimane nel contesto del mito.

I (molti) amanti di Cu Chulainn

Il prestigio di Cu Chulainn come guerriero lo seguì nei suoi numerosi viaggi e battaglie nel corso degli anni. Essendo un uomo giovane, attraente e potente, ebbe la sua parte di amanti. L'infedeltà dilagava nei miti del pantheon celtico e la storia di Cu Chulainn non era diversa.

Giovane e single

Molti degli uomini con cui Cu Chulainn si avventurava erano costantemente preoccupati che egli tentasse di rubare loro le mogli. Il giovane semidio era un uomo attraente e spesso usava il suo aspetto a vantaggio delle donne. Per ovviare a questo problema, gli uomini cercarono in lungo e in largo una moglie adatta a Cu Chulainn, ma senza successo. Sebbene molte si innamorassero di lui, egli non le amava.

Tuttavia, una donna attirò l'attenzione di Cu Chulainn. Si chiamava Emer, figlia di Forgall Monach, che si opponeva all'incontro. Egli pensò a un piano per far allenare Cu Chulainn in Scozia con una donna guerriera di nome Scathach. Le sue abilità guerriere erano leggendarie e pensava che Cu Chulainn non sarebbe stato all'altezza di lei. Quando propose la cosa a Cu Chulainn, questi accettò e si recò in Scozia per allenarsi. Mentre si allenava, generò anche un figlio di nome Connla, ma non fu veramente presente nella sua vita.

Dopo la formazione, tornò in Irlanda e chiese la mano di Emer. Il padre di Emer non approvava ancora il matrimonio. Furioso, Cu Chulainn assaltò le mura del castello e uccise molti degli uomini di Monach, sfruttando l'addestramento ricevuto in Scozia con Scathach. Sconfitto, il re diede finalmente la sua benedizione e permise ai due di sposarsi.

La morte del figlio

Un altro mito che coinvolge questo potente guerriero è la morte accidentale del figlio Connla. La donna che partorì il figlio si chiamava Aife. Era la rivale di Scathach e, in alcune versioni, sua sorella gemella. Cu Chulainn e Aife ingaggiarono una battaglia: i due erano quasi alla pari, ma Cu Chulainn ebbe la meglio. La ingannò dicendo che, nel pieno della battaglia, il suo carro e i suoi cavalli erano caduti da una rupe. I cavalli e il carro di Aife erano il suo bene più prezioso. Con lei distratta, le puntò un coltello alla gola e pretese che gli desse un figlio.

Dopo aver lasciato la Scozia, Aife era ancora incinta del suo futuro figlio Connla. Con il passare degli anni, il giovane Connla voleva sapere chi fosse suo padre. Si avventurò in Irlanda alla ricerca del padre. Per vendicarsi dell'assenza di Cu Chulainn, Aife disse al ragazzo di non identificarsi e di non tirarsi indietro di fronte a un combattimento. Connla era anche addestrato alla battaglia, quindi credeva che avrebbe superato qualsiasi nemico che gli si fosse opposto. Durante la notte, Connla arrivò a casa di suo padre.

Il rumore dell'arrivo di Connla allarmò Cu Chulainn. Afferrando la sua fidata lancia, si scagliò contro l'invasore quando questi rifiutò di identificarsi. Credendo che si trattasse di una minaccia, Cu Chulainn attaccò Connla. Padre e figlio ingaggiarono una feroce battaglia e Connla quasi sconfisse Cu Cuthlainn. Il padre fu più veloce e scagliò la lancia contro Connla, colpendolo al petto.

Solo dopo che il berserk svanì e la luce della battaglia svanì dai suoi occhi, Cu Chulainn si rese conto di aver ucciso suo figlio.

La gelosia di Emer

Emer era a conoscenza di tutti gli appuntamenti di Cu Chulainn con le donne e, pur non essendo una donna intrinsecamente gelosa, si ingelosiva se lui si innamorava di un'altra. In questo caso, si trattava di Fand, moglie del dio del mare Manannan mac Lir. Cu Chulainn l'aveva salvata dai Fomoriani che avevano attaccato il dio in riva al mare, e Manannan se ne era occupato, lasciandola indietro.

Dopo la vittoria della battaglia, Cu Chulainn e Fand si videro e si innamorarono immediatamente. Dopo averla salvata, Cu Chulainn volle la sua mano e lei accettò. Manannan sapeva che la relazione era condannata fin dall'inizio perché Cu

Chulainn era un mortale e Fand una fata. Lasciò che la relazione seguisse il suo corso.

D'altra parte, però, Emer non era molto entusiasta di sapere del nuovo matrimonio con un'altra donna. In preda alla rabbia, tentò di uccidere l'altra donna, ma Cu Chulainn riuscì a fermarla prima che uccidesse Fand.

Fand non fu sconvolto dal potenziale assassinio, ma fu piuttosto colpito dalla quantità di amore che Emer nutriva ancora per il marito infedele. Era un amore vero e Fand capì che, dopo tutto, i due dovevano stare insieme. Tornò quindi da suo marito Manannan.

Per assicurarsi che non ricordassero il loro amore reciproco, Manannan agitò il suo mantello magico tra di loro, in modo che non si incontrassero mai più. Poi entrambi bevvero degli elisir per cancellare il ricordo del loro amore.

Conclusione

Sebbene i miti di Cu Chulainn siano numerosi, i principali miti della sua vita e dei suoi amanti sono tra i più affascinanti. Cu Chulainn era rinomato per la sua abilità in combattimento e per la saggezza strategica che mise in atto durante la sua attività di guerriero. Nato da una stirpe di grande potenza, non c'era da stupirsi che fosse in grado di compiere imprese quasi impossibili. La rovina di Cu Chulainn non fu solo quella delle donne che aveva attratto, ma anche quella dei figli dei molti nemici che aveva ucciso. Per fare i conti, lo indebolirono con la magia e lo finirono. Nei suoi ultimi momenti, la sua vita fu cementata nelle leggende che conosciamo oggi. Nonostante sia il semidio più famoso del pantheon celtico, la popolarità di Cu Chulainn è rivaleggiata da un'altra leggenda che parla di un bambino prodigio che, crescendo, diventò un altro eroe lodato dai Celti.

CAPITOLO 7: IL SALMONE DELLA CONOSCENZA

Finn mac Cumhail era uno degli altri eroi del pantheon celtico. Era un mortale, ma le sue gesta nel corso della sua vita gli hanno conferito lo status di leggenda. Come le altre storie di questo libro, la sua vita fu drammatica e piena di lussuria, tradimenti e battaglie per un erede. Ciononostante, l'esistenza di Finn fu uno dei miti più celebri di tutto il pantheon. La sua saggezza e le sue numerose vittorie in battaglia hanno generato numerosi miti su di lui.

Il mito della saggezza

Il mito del Salmone della Conoscenza ha inizio quando Finn era un ragazzo. Fu mandato a diventare apprendista di Finnegas, un poeta ampiamente riconosciuto. O'Hara osserva che i due vivevano spesso avventure mentre recitavano poesie, una celebre arte degli antichi Celti. La poesia era dedicata a raccontare storie del passato, simili ai racconti popolari che conosciamo oggi. Durante la conversazione emerse la storia di un salmone che si diceva possedesse la conoscenza del mondo e, incuriosito, Finn volle saperne di più. Finnegas raccontò la storia di un salmone che aveva mangiato una noce dell'albero della conoscenza, i cui tratti erano stati incorporati nel salmone. Si credeva che chiunque avesse mangiato il salmone avrebbe posseduto la stessa saggezza.

Il fiume di Boyne

In una soleggiata mattina di primavera, Finn e Finnegas si fermarono al fiume Boyne per una sessione di poesia. Mentre i due si sistemavano e discutevano la storia del salmone, misero i piedi in acqua e lasciarono che la corrente calma li investisse. Con la coda dell'occhio, Finnegas credette di vedere il luccichio di un occhio sotto l'acqua. Si tuffò e catturò il pesce, con gli occhi che brillavano in segno di trionfo.

Finnegas credeva che il salmone che teneva in mano fosse il grande Salmone della Conoscenza. Finnegas chiese al giovane apprendista di cucinare il salmone sul fuoco, ma non si fidava pienamente del suo compagno. Disse a Finn che gli era proibito mangiare il pesce. Dopo tutto, aveva aspettato molti anni per essere benedetto con il salmone. Desiderava la conoscenza e la saggezza che si diceva il salmone contenesse.

Nella fiamma

Mentre il pesce cuoceva, Finnegas se ne andò a prendere altre provviste a casa sua, lasciando Finn da solo con il salmone. Finn prese una pietra liscia dalla riva del fiume circostante e accese un piccolo fuoco. Dopo qualche istante, il pesce cominciò a cuocere. Il grasso del pesce colava nelle fiamme, facendo brontolare lo stomaco di Finn. Tuttavia, si rifiutò di toccare il pesce a tutti i costi.

Dopo alcuni minuti di cottura, è arrivato il momento di girarlo per garantire una cottura uniforme. Tuttavia, mentre maneggiava il pesce, il suo pollice lo sfiorò. I suoi succhi scottarono il giovane Finn e il dolore bruciò intensamente. Senza pensarci, si infilò il pollice in bocca per attenuare il dolore. Fu allora che si rese conto del suo errore.

Finn, il più saggio degli uomini

Non appena Finnegas entrò nel campeggio, capì subito che qualcosa non andava. Il ragazzo si strinse il pollice nella mano con un'espressione tormentata sul volto. Finnegas chiese di sapere esattamente cosa fosse successo e Finn gli spiegò la situazione. Con un profondo sospiro, Finnegas disse al ragazzo di mangiare il resto del salmone per vedere se era impregnato di saggezza.

Il ragazzo divorò il pesce a piccoli sorsi, ma non accadde nulla. Non ci fu alcuna consapevolezza acuta, nessuna conoscenza o comprensione improvvisa. Finnegas era sollevato ma anche rattristato dal fatto che il pesce non fosse quello della leggenda.

Per intuizione e a causa della pressione esercitata su di lui da Finnegas, Finn si mise di nuovo il pollice in bocca per vedere cosa sarebbe successo. In quel momento, tutto cambiò. Una sorgente di energia e di comprensione lo investì: il potere del salmone aveva finalmente preso forma. La testa gli girava per l'impeto delle informazioni, si sedette e spiegò le nuove conoscenze acquisite.

Da quel momento in poi, Finn fu considerato l'uomo più saggio di tutta la terra. Era in grado di usare questa conoscenza a suo piacimento semplicemente mordendosi il pollice. Questa saggezza lo aiutò nelle numerose battaglie che avrebbe affrontato nella sua vita, fino alla morte. Secondo gli antichi Celti, Finn era l'incarnazione della saggezza e del coraggio.

CONCLUSIONE

I temi centrali del pantheon celtico riflettevano la mortalità, l'amore/la lussuria e l'importanza di difendere i propri cari. I druidi, insieme ai guerrieri, avevano responsabilità in egual misura: uno aveva il compito di sopravvivere alle norme culturali e alla religione, l'altro alla sopravvivenza del proprio popolo nel suo complesso. I ricordi di questi tempi passati sono rimasti nel mito, ma molti altri ricordi e tradizioni sono stati dimenticati nel tempo.

Ciò che resta di questa mitologia unica e intrigante le conferisce ancora l'immortalità. Continua a ispirare i creativi, indipendentemente dal mezzo, a creare mondi e storie che rimarranno per sempre impressi nella memoria di chi li vive.

I miti e le leggende raccontati in questo libro, così come quelli non menzionati, ricordano a tutti noi che la morte è un ciclo naturale della vita; nessuno ne è immune, nemmeno le grandi divinità del pantheon celtico. Anche quando moriremo, le storie della nostra vita ci renderanno immortali.

www.ingramcontent.com/pod-product-compliance
Lightning Source LLC
Chambersburg PA
CBHW070942120626
46546CB00004B/1520